THE TAILOR OF GLOSTER
SQUIRREL NUTKIN
NUTS
TOM KITTEN
PETER RABBIT

d

Beatrix Potter

Die Geschichte von Peter Hase

Deutsch von Claudia Schmölders

Diogenes

Titel der 1902 bei
Frederick Warne & Co., London–New York,
erschienenen Originalausgabe:
›The Tale of Peter Rabbit‹

Die erste Ausgabe dieser Übersetzung erschien
1973 im Diogenes Verlag

100/96/GB/8
ISBN 3 257 00550 4

Die Geschichte von Peter Hase

Es waren einmal vier kleine Hasen,
die hießen: Flopsi,
Mopsi,
Wollschwanz,
und Peter.

Sie lebten mit ihrer Mutter in einer Sandgrube unter der Wurzel einer sehr großen Tanne.

»Paßt auf, meine Lieben«, sagte die alte Frau Hase eines Morgens, »ihr könnt aufs Feld gehen oder den Weg hinunter. Aber geht nicht in Herrn Gregersens Garten, wo eurem Vater das Unglück passiert ist. Frau Gregersen hat Fleischpastete aus ihm gemacht.«

»Also, nun lauft schon und seht zu,
daß euch nichts passiert. Ich gehe aus.«

Dann nahm die alte Frau Hase einen Korb und ihren Schirm und ging durch den Wald zum Bäcker. Sie kaufte einen Laib Schwarzbrot und fünf Korinthensemmeln.

Die braven kleinen Hasen Flopsi, Mopsi und Wollschwanz gingen den Weg hinunter, um Brombeeren zu sammeln;

aber der ungezogene Peter rannte schnurstracks zu Herrn Gregersens Garten und zwängte sich unter dem Gartentor durch!

Zuerst aß er ein bißchen Lattich und ein paar grüne Bohnen; dann aß er noch Radieschen;

und schließlich suchte er nach Petersilie, denn ihm war schon ziemlich schlecht.

Aber als er um die Ecke von einem Gurkenkasten kam – wen konnte er da anders treffen als Herrn Gregersen!

Herr Gregersen rutschte auf Händen und Knien, weil er jungen Kohl pflanzte, aber jetzt sprang er auf und rannte hinter Peter her. Er fuchtelte mit dem Rechen und schrie: »Haltet den Dieb!«

Peter war zu Tode erschrocken; er stürmte durch den ganzen Garten, denn er hatte den Weg zum Tor vergessen.

Zwischen den Kohlköpfen verlor er den ersten Schuh und bei den Kartoffeln den zweiten.

Barfuß rannte er auf allen vieren. Er war jetzt schneller; ich glaube bestimmt, er hätte entwischen können, wäre er nicht in ein Stachelbeernetz gerannt, wo sich die großen Knöpfe seiner Jacke festhakten. Es war eine blaue Jacke mit Messingknöpfen, ganz neu.

Peter gab sich verloren. Er vergoß große Tränen. Aber ein paar freundliche Spatzen hörten sein Schluchzen und flogen in großer Aufregung herbei. Sie flehten ihn an, sich doch noch Mühe zu geben.

Da kam Herr Gregersen mit einem Sieb und wollte es Peter über den Kopf stülpen. Peter entschlüpfte gerade noch, verlor aber dabei seine Jacke.

Er schoß in den Geräteschuppen und sprang in eine Gießkanne. Ein wunderbares Versteck! – wäre nur nicht so viel Wasser darin gewesen.

Herr Gregersen war sicher, daß Peter sich im Geräteschuppen versteckt hielt. Vielleicht unter den Blumentöpfen. Er hob sie vorsichtig auf und sah unter jedem einzelnen nach.

Plötzlich mußte Peter niesen: »Hatschiiii!« Im Nu war Herr Gregersen bei ihm.

Er versuchte, auf ihn zu treten. Aber Peter sprang aus dem Fenster, wobei er drei Blumentöpfe umwarf, und das Fenster war zu klein für Herrn Gregersen. Da hatte er keine Lust mehr, hinter Peter herzulaufen. Er ging an seine Arbeit zurück.

Peter setzte sich hin. Er mußte sich ausruhen; er war außer Atem und zitterte vor Angst. Er hatte keine Ahnung, wohin er gehen sollte. Außerdem war er in der Gießkanne ziemlich naß geworden.

Nach einer Weile ging er wieder los, tippeltippel, tippeltippel, nicht zu schnell und sah sich nach allen Seiten um.

In einer Mauer fand er eine Tür; aber sie war verschlossen, und unten war kein Spalt für einen dicken kleinen Hasen, um sich durchzuzwängen.

Eine alte Maus lief über die Steinschwelle ein und aus; sie trug Erbsen und Bohnen zu ihrer Familie im Wald. Peter fragte sie nach dem Weg zum Gartentor, aber sie hatte eine so große Erbse im Mund, daß sie nicht antworten konnte. Sie schüttelte nur den Kopf. Peter fing an zu weinen.

Dann versuchte er, einen Weg quer durch den Garten zu finden, aber er verirrte sich nur noch mehr. Kurz darauf kam er zu einem Teich, wo Herr Gregersen sonst seine Gießkannen füllte. Eine weiße Katze starrte auf ein paar Goldfische; sie saß regungslos, nur dann und wann zuckte ihre Schwanzspitze, als ob sie lebendig wäre. Peter ging lieber weiter, ohne sie anzusprechen; sein Vetter Benjamin Kaninchen hatte ihm allerhand von Katzen erzählt.

Er ging zurück zum Geräteschuppen, aber plötzlich, ganz in der Nähe, hörte er das Geräusch einer Harke, ritsch-ratsch, rrrritsch-rrratsch. Peter sprang hastig ins Gebüsch. Als nichts weiter passierte, kam er bald wieder heraus, kletterte in eine Schubkarre und spähte über den Rand. Als erstes sah er Herrn Gregersen Zwiebeln harken. Er stand mit dem Rücken zu Peter, und hinter ihm war das Gartentor!

Ganz sachte verließ Peter die Schubkarre. Auf einem geraden Weg hinter ein paar Johannisbeersträuchern rannte er los, so schnell er konnte.

An der Ecke sah ihn Herr Gregersen, aber Peter machte sich nichts daraus. Er huschte unter dem Tor durch und langte schließlich sicher draußen im Wald an.

Herr Gregersen hängte die kleine Jacke und die Schuhe zu einer Vogelscheuche zusammen, um die Amseln damit zu erschrecken.

Peter lief, ohne sich umzusehen und hörte nicht eher auf, bis er zu Hause an der großen Tanne war.

Er war so müde, daß er gleich auf den Boden und den schönen weichen Sand der Hasenwohnung plumpste. Die Augen fielen ihm zu. Seine Mutter kochte gerade eifrig; sie wunderte sich nur, wo er seine Kleider gelassen hatte. Jetzt hatte Peter schon zum zweitenmal in zwei Wochen Jacke und Schuhe verloren!

Leider muß ich sagen, daß es Peter an diesem Abend nicht sehr gut ging.

Seine Mutter steckte ihn ins Bett, machte ein bißchen Kamillentee und gab Peter eine Portion:

»Einen Eßlöffel voll vor dem Schlafen!«

Aber Flopsi, Mopsi und Wollschwanz bekamen Brot und Milch und Brombeeren zum Abendessen.

ENDE

TIGGY WINKLE
TWO BAD MICE
JEMIMA PUDDLE DUCK
J. FISHER
BENJAMIN BUNNY
FLOPSY BUNNIES